SECRET

ORGANISATION DE L'INFANTERIE

(Memento sommaire)

15 MAI 1916

ORGANISATION DE L'INFANTERIE

(Memento sommaire)

INFANTERIE

RÉGIMENT D'INFANTERIE

UNITÉS	OFFI-CIERS	TROUPE	CHE-VAUX		VOITURES DU T. C.
État-Major du Régt.	9(A)	210(E)	38	14	2 voitures légères d'outils. 1 grande voiture p[r] blessés 1 voiture p[r] brouettes, porte brancards et matériel con tre les gaz. 3 voitures portant matérie téléphonique, fil de fer grenades, etc. 6 voit. pour transporter l'eau 1 voiture légère d'outils ave(forge portative.
État-Major du Btn. . .	4(B)	34(F)	8		1 voiture médicale.
Compagnies.	4	200	7		1 voiture à munitions.
3 autres Compagnies.	12	600	21	3	
TOTAL du Btn. .	20	834	36	5	
2 autres Bataillons . .	40	1668	72	10	
1 Cie de mitr., type mixte, A 4 Sections.	3	144(D)	58		4 caissons à munitions.
2 autres Cies. mitr. .	6	282	116		8 caissons à munitions.
Pelotons de Sapeurs.	»	»	»		»
Peloton de 3 pièces de 37.	»	»	»		»
TOTAL du Rgt. .	78	3135	320		41 voitures au T. C.

TIF A TROIS BATAILLONS

VOITURES DU T. R.	OBSERVATIONS
13 fourgons à vivres. 3 voitures à viande. 2 voitures pour fourrage. 2 voitures à vivres et à ba- gages. 1 cuisine roulante. 1 forge.	(A) Colonel, Lieutenant-Colonel, Capitaine adjoint au Chef de Corps, Lieutenant chargé des détails, Lieutenant d'approvisionnement, Lieutenant Chef du Service téléphonique, Lieutenant porte-drapeau, Médecin-Major de 1ʳᵉ Classe, Chef de musique. (E) Nouvelle organisation du service de la téléphonie et de la signalisation : 1 Adjudant adjoint au Lieutenant Chef de service, 3 Sergents téléphonistes, 1 Sergent signaleur, 9 Caporaux, 40 téléphonistes et 8 signaleurs. (G. Q. G. Nˢ 33 du 1ᵉʳ Mai 1916.)
oiture à vivres et à bagages. 1 cuisine roulante. 1 voit. à vivres et à bagages.	(B) 1 Chef de Bataillon, 1 Capitaine adjudant-major avec 1 Officier adjoint et 1 Médecin aide-major. L'Officier adjoint peut-être remplacé par un Sous-officier de cavalerie : il ne reste alors que 3 Officiers à l'État-Major du Bataillon. (G. Q. G. Nˢ 1322 du 3 Mars 1916.) (D) Voir tableaux suivants.
1 cuisine roulante. 1 voit. à vivres et à bagages. oitures. » » oitures au T. R.	(F) Y compris le personnel de signalisation. (G. Q. G. Nˢ 33 du 1ᵉʳ Mai 1916.)

BATAILLONS DE CHASSEUR

UNITÉS	OFFI-CIERS	TROUPE	CHE-VAUX		VOITURES DU T. C.
État-Major du Bataillon et Section H. R.	7(A)	127(E)	52	9	1 voiture légère d'outils. 1 grande voiture p^r blessé 1 voiture médicale. 1 voiture p^r brouettes, port brancards et matériel co tre les gaz. 2 voitures pour téléphon sacs à terre, etc. 2 voit. pour transporter l'ea 1 voiture forge.
Compagnie.	4	200(B)	7		1 voiture à munitions.
5 autres Compagnies.	20	1000	35		5 voitures à munitions.
1 Cie de mitr., type mixte A, à 4 Sect. .	3	141	58		4 caissons à munitions.
1 autre Cie. de mitr..	3	141	58		4 caissons à munitions.
Pelotons de Sapeurs.	»	»	»		»
Peloton de 2 pièces de 37.	»	»	»		»
TOTAL du Btn. .	37	1609	210		23 voitures au T. C.

CTIF A SIX COMPAGNIES

VOITURES DU T. R.	OBSERVATIONS
7 fourgons à vivres. 1 voiture à viande. 1 voiture pour fourrage. 1 cuisine roulante. 2 voitures à vivres et à bagages.	(A) 1 Chef de Bataillon, 1 Capitaine adjudant-major, 1 Lieutenant adjoint au Chef de Bataillon, 1 Lieutenant chargé des détails, 1 Lieutenant officier d'approvisionnement, 2 Médecins.
1 voit. à vivres et à bagages. 1 cuisine roulante.	(E) Pour le service de la téléphonie et de la signalisation : 1 Adjudant Chef de service, 1 Sergent téléphoniste, 1 Sergent signaleur, 5 Caporaux dont 1 signaleur, 20 téléphonistes, 6 signaleurs. (G. Q. G. N° 33 du 1" Mai 1916.)
	(B) Même observation que pour la Compagnie du Régiment d'Infanterie.
cuisine roulante.	
cuisine roulante.	Voir tableaux suivants.
»	Voir tableaux suivants.
»	
voitures au T. R.	

UNITÉS DE MITRAILLEUSES

3 types d'unités de mitrailleuses :

A : *Mixte.* . .
Chevaux ou mulets de bât pour mitrailleuses et munitions.
En outre caissons de ravitaillement pour munitions.

Une section type A comprend :

9 chevaux ou mulets de bât
{ 2 de mitrailleuses.
{ 7 de munitions.

1 caisson à 4 chevaux.

B : *S/voiturettes.*
Voiturettes pour mitrailleuses et munitions.
En outre caissons de ravitaillement de munitions.

Une section type B comprend :

2 voiturettes porte-mitrailleuses à 1 cheval.
2 — porte-munitions à 1 cheval.
1 caisson à munitions à 4 chevaux.

C : *Alpin.* . .
Tout sur mulets de bât.

Une section du type C comprend 15 mulets de bât.

Il existe dans chaque type A, B et C. :

1° Des compagnies de mitrailleuses à 4 sections (pour régiments actifs ou bataillons de chasseurs).

2° Des compagnies de mitrailleuses à 3 sections (pour régiments territoriaux).

La dotation des unités d'infanterie en compagnies de mitrailleuses est la suivante :

1° Chaque régiment d'infanterie comprend un nombre de compagnies de mitrailleuses à 4 sections égal à celui des bataillons qu'il possède.

2° Chaque bataillon de Chasseurs à pied à 6 compagnies comporte 2 compagnies de mitrailleuses à 4 sections.

3° Chaque bataillon de Chasseurs à 4 compagnies et chaque bataillon formant corps est doté d'une compagnie de mitrailleuses à 4 sections.

REMARQUE. — Aucune modification à l'organisation des mitrailleuses dans les régiments territoriaux d'infanterie.

Compagnies de mitrailleuses de position. — Constituées par groupement des anciennes sections de mitrailleuses de défense fixe. Elles sont en principe à 4 sections. (G. Q. G. N° 16.576 du 28 Janvier 1916.)

Ces unités sont indépendantes des troupes du secteur où elles sont employées.

COMPAGNIE DE MITRAILLEUSES 1907 A QUATRE SECTIONS

ÉLÉMENTS	OFFI-CIERS	SOUS-OFF.	CAPO-RAUX	SOL-DATS	ANIMAUX SELLE	ANIMAUX TRAIT	ANIMAUX BAT	VOI-TURES	OBSERVATIONS
Capitaine.	1				1				
Lieutenant.	2	1							(A) 4 caissons.
Sous-Officier comptable.									1 cuisine roulante.
Caporal-fourrier.			1						1 voiture à vivres et
S.-Off. Chef de section.		6							à bagages.
Chefs de Pièce			8						
Tireurs.				16					
Chargeurs.				16					(B) 4 caissons.
Aide-chargeurs. . . .				16					16 voiturettes.
Télémétreur.				1					1 cuisine roulante.
Armuriers.				4					1 voiture à vivres et
Agents de liaison. . .			1	3					à bagages.
Gradés de l'échelon. .		(1)			1				
Pourvoyeurs				16					
Gradés du T. C. . . .			2						
Cuisinier				1					
Conducteurs (type A). .			2	46		20	36	6 (A)	
TOTAUX (type A).	3	8	14	119	2	20	36	6 (A)	L'effectif des Compa-
Conducteurs (type B). .				26		36		6	gnies à 3 Sections et des
TOTAUX (type B).	3	8	14	99	2	36	36	22 (B)	Pelotons à 2 Sections s'obtient par réduction
Conducteurs (type C). .				62			62		d'un quart ou de moitié.
TOTAUX (type C).	3	8	14	135	2		62		

PELOTON DE SAPEURS

Chaque corps de troupe d'infanterie dispose d'un Peloton de Sapeurs constitué de la manière suivante :

1° Une section de sapeurs-pionniers. { Sapeurs ouvriers d'art de l'unité H. R.
{ 4 pionniers par Compagnie.

2° Une section de bombardiers . . . { 1 Capitaine et 8 hommes par Bataillon pour lance-bombes (Assen ou Cellerier).

Ce groupement est momentané — Officier et hommes sont détachés de leurs Compagnies et mis en subsistance à la Compagnie H. R.

Pour un Régiment à 3 Bataillons, la composition est :

COMMANDANT DU PELOTON	SECTION DE SAPEURS		SECTION DE BOMBARDIERS	
1 Lieutenant Chef de Peleton	2 1/2 Sect. à 2 escouades de pionniers.	{ 2 S/Offic.rs 4 Caporaux 48 Hommes	3 équipes identiques.	{ 1 S/Officier 3 Caporaux 24 Hommes
1 Adjudant adjoint	1 escouade de sapeurs ouvriers d'art.	{ 1 Caporal 12 Hommes		

TOTAL : 1 Officier, 4 Sous-Officiers, 8 Caporaux, 84 Hommes.

Les voitures légères d'outils sont rattachées aux Pelotons de Sapeurs.

NOTES

—

Les tableaux d'effectif qui précèdent donnent la composition du régiment actif — type à 3 bataillons et du bataillon de chasseurs actifs — type à 6 compagnies.

Il existe des régiments d'infanterie à 4 bataillons en très faible nombre.

Par contre les régiments appelés à la mobilisation régiments de réserve sont à deux bataillons.

Les bataillons de chasseurs dits à la mobilisation bataillons de réserve sont à 4 compagnies seulement.

Certains corps de troupe diffèrent de ceux qui ont été donnés comme types, principalement par leurs équipages régimentaires. Ce sont les unités du type alpin dotées d'équipages muletiers et les corps mobilisés en ALGÉRIE et au MAROC dont une partie des voitures est composée de voitures légères ou arabes.

ARMEMENT DE L'INFANTERIE

En dehors de quelques exceptions (officiers et sous-officiers munis du sabre et du revolver) l'arme du fantassin est le fusil Modèle 1886 mod. 93 à répétition avec baïonnette.

A noter la distribution dans les dépôts de l'intérieur d'un certain nombre de fusils Modèle 1907 mod. 1915 à chargeurs de 3 cartouches, qui n'existent encore qu'en petit nombre dans les armées.

La mitrailleuse en usage dans l'infanterie est généralement la mitrailleuse Modèle 1907 provenant de SAINT-ETIENNE ou de PUTEAUX. Il existe en outre un certain nombre de mitrailleuses HOTCHKISS. — Toutes ces mitrailleuses tirent la cartouche 1886 D. A. M. (celle du fusil avec une légère modification) — sur bandes-chargeurs. La mitrailleuse HOTCHKISS diffère des autres par quelques caractéristiques, notamment en ce qui concerne les bandes-chargeurs.

Les mitrailleurs sont armés du mousqueton 1892 à chargeurs avec baïonnette.

Les unités d'infanterie et de cavalerie reçoivent des fusils-mitrailleurs à raison de :

8 fusils par compagnie d'infanterie ou escadron à pied.

4 fusils par escadron à cheval.

12 fusils par groupe cycliste.

Ce fusil est servi par un personnel spécial qui prend le nom de fusiliers (1 tireur et 1 pourvoyeur par fusil). Le tireur porte 16 bandes chargeurs de 20 cartouches et le pourvoyeur 720 cartouches en trousses ou en paquets (1).

Une même unité de mitrailleuses est en conséquence entièrement armée de mitrailleuses HOTCHKISS ou de mitrailleuses d'autres modèles.

A signaler quelques unités de mitrailleuses constituées avec des mitrailleuses allemandes prises à l'ennemi et un matériel complémentaire approprié fourni par l'intérieur (y compris les munitions).

CANON D'INFANTERIE. — Les unités d'infanterie actives et celles dites anciennement de réserve sont dotées de canons d'accompagnement du calibre de 37 m/m à raison de :

Par régiment :

Un peloton comportant autant de pièces qu'il y a de bataillons dans le régiment.

Par bataillon de chasseurs à 6 compagnies : Un peloton de deux pièces.

—   —   4   —   : Une pièce.

Une pièce comporte 1 canon et 1 voiturette porte-munitions.

	Officiers	Hommes	Chevaux	Voitures
1 pièce.		9 (2)	1	1
1 peloton de 2 pièces . . .	1	19	2	2
1 peloton de 3 pièces . . .	1	28	3	3

(1) Le pourvoyeur est armé d'un pistolet automatique.

(2) 1 sergent chef de pièce, 1 caporal, 2 hommes de pièce, 2 pourvoyeurs, 2 hommes de voiturette, 1 conducteur.

RÉPARATIONS AUX ARMÉES. — Les armes sont réparées dans le régiment par le chef armurier et ses ouvriers. Il a été prescrit dans le but d'assurer un meilleur fonctionnement des réparations et de l'entretien de former des ateliers par unités comme la Brigade ou la Division.

En ce qui concerne les mitrailleuses, une équipe de spécialistes est chargée de leurs réparations au P. A. de chaque corps d'armée.

MUNITIONS. — La répartition réglementaire des munitions d'infanterie dans le régiment est la suivante :

Sur l'homme . . . . 88 cartouches.
Sur chaque voiture à munitions . . . 26.000 cartouches.

Soit 200 environ par homme au total.

En dehors du Régiment on ne trouve plus de cartouches d'infanterie qu'aux S. M. I. du parc d'artillerie de ce corps d'armée.

Cette répartition, qui correspond à une situation du régiment en dehors du combat, se modifie en vue de la bataille par l'augmentation du nombre de cartouches portées par l'homme (prélèvement fait sur les voitures à munitions). Dans la guerre actuelle de tranchées, la création de dépôts de munitions (quantité variable suivant les circonstances, à fixer par le commandement) permet d'augmenter les ressources de l'homme et de parer aux difficultés du ravitaillement par l'arrière.

Les unités de mitrailleuses ont avec elles, par section :

1° A l'échelon d'approvisionnement
(mulets ou voiturettes) . . . . 10.800 cartouches sur bandes.
2° Au caisson de munitions . . . 21.900 —

soit. 32.700

ou par compagnie de 4 sections : 130.800.

OUTILS. — On peut dire, d'une façon simple, que chaque homme est pourvu d'un outil portatif.

Par compagnie, 160 outils de terrassier : 1/2 pelles, 1/2 pioches. 25 outils de destruction.

Les voitures légères d'outils portent chacune :

195 outils de terrassier grand modèle (2/3 pelles, 1/3 pioches);

17 outils de destruction.

Les sections de mitrailleuses possèdent quelques outils.

GRENADES. — Engins de combat rapproché.

Modèles divers pouvant se ramener à 2 types :

1° Grenade défensive agissant par l'effet de l'explosion et l'effet des éclats, à employer par les hommes abrités;

2° Grenade offensive agissant par l'explosion sans éclats puissants, peut être employée en terrain découvert. — A signaler les nouvelles grenades incendiaires et fumigènes.

Dotation : Variable.

Engins à employer par des hommes exercés (grenadiers).

VOITURES. — Les voitures comprennent des voitures de modèle réglementaire, des équipages militaires et des voitures de réquisition (marquées d'un astérisque sur les tableaux).

GROUPEMENT DES VOITURES. — Les voitures portant les munitions et le matériel utile au combat forment le train de combat (T. C.). Les T. C. suivent immédiatement les Corps auxquels ils appartiennent ou sont maintenus à proximité.

Les autres voitures forment le train régimentaire (T. R.).

Suivant les circonstances, elles peuvent, en totalité ou en partie, suivre immédiatement les Corps de troupe et marcher avec les T. C., ou au contraire être groupées en arrière. Dans ce dernier cas, on les fractionne en deux échelons dont l'un, comprenant les voitures immédiatement nécessaires aux troupes, marche dans leur sillage et les rejoint aussitôt que possible.

LONGUEUR DES COLONNES SUR ROUTE.

Bataillon d'infanterie avec T. C.	500 mètres
Bataillon de Chasseurs avec T. C. (avec compagnie de mitrailleuses).	1050 —
Régiment d'infanterie avec T. C. (avec compagnie de mitrailleuses).	2000 —
T. R. d'un Bataillon de Chasseurs	250 —
T. R. d'un Régiment d'infanterie	400 —

CAPACITÉ DE CANTONNEMENT.

Données numériques approximatives.	Surface nécessaire. . .		1 homme, 1^m sur 2^m.
			1 cheval, 1^m50 sur 3^m.
	Nombre d'hommes par habitant en cantonnement normal. . . .	Régions agricoles. 10 h.	
		Régions indus- trielles . . . 6 h.	
	Nombre d'hommes par habitant en cantonnement resserré . . .	40 à 50 hommes.	

www.ingramcontent.com/pod-product-compliance
Lightning Source LLC
Chambersburg PA
CBHW060731280326
41933CB00013B/2594